# Less Meat
# Less Heat

Paul McCartney

# Less Meat Less Heat

Vorwort

# Ich bin seit über 40 Jahren Vegetarier

und ich habe meine Familie fleischfrei aufwachsen lassen. Ich freue mich, Ihnen sagen zu können, dass wir mit diesem Lebensstil absolut glücklich sind. Uns gefällt, dass wir Tieren helfen, die sonst geschlachtet würden. Aber nicht nur das: Wir pflegen auch einen Lebensstil, der für uns selbst gesünder ist.

Gerade heute ist das besonders wichtig, denn bei der Emission von Treibhausgasen geht ein Großteil auf das Konto der Fleischproduktion. (Sehen Sie sich doch mal den Film „One day a week" auf unserer Webseite www.meatfreemondays.com an.) Es begeistert uns auch, dass wir unseren Beitrag für die Zukunft unseres Planeten leisten können. Aus diesem Grund haben meine Töchter Mary und Stella und ich im Juni 2009 die Kampagne „Fleischfreier Montag" gestartet. Sie soll die Leute animieren, wenigstens an einem Tag pro Woche auf Fleisch zu verzichten.

Ein halbes Jahr später habe ich bei der öffentlichen Anhörung im EU-Parlament zum Thema „Globale Erwärmung und die Nahrungsmittelpolitik: Weniger Fleisch = weniger Erwärmung" am 3. Dezember 2009 die folgende Rede gehalten.

Wir freuen uns sehr, dass der fleischfreie Montag so breiten Anklang findet. Schulen, Unternehmen und Regierungsbehörden in aller Welt haben sich bereit erklärt, auf diese Weise zum Schutz der Umwelt beizutragen –

# zu unserem Wohl heute wie dem künftiger Generationen.

# Ich spreche

hier für die Kampagne, die wir in Groß-britannien gestartet haben: Fleischfreier Montag.

Ich habe angefangen, mich für dieses Thema zu interessieren, als ich einen UN-Bericht aus dem Jahr 2006 mit dem Titel „Der lange Schatten der Viehhaltung" gelesen habe. Am interessantesten fand ich damals, dass dieser Bericht nicht von Vegetariern verfasst worden war. Wäre dem so gewesen, hätten die Leute vermutlich sofort abgewinkt: „War ja klar, dass bei euch so was rauskommt." Ich kann diese Reaktion verstehen. Doch die UN-Leute, die diesen Bericht geschrieben hatten, waren vermutlich Fleischesser, die sich ganz traditionell ernährten. Aus diesem Grund fand ich den Bericht so spannend. Danach begann ich, an verschiedene Regierungen Briefe zu schreibe, um auf eben diese Thematik hinzuweisen: „Vielleicht denken Sie jetzt, dass ich als Vegetarier auf meinem Lieblingsthema herumreite." Tatsächlich aber habe ich stets ausdrücklich betont, dass es die Vereinten Nationen waren, die diese Daten zusammengetragen hatten, der Text also nicht aus meiner Feder stammte.

Seitdem wurden viele weitere Studien und Berichte veröffentlicht. Die *New York Times* und vor Kurzem sogar die *London Times* haben auf Seite 1 über das Thema berichtet. Meine Überzeugung ist, dass es an der Zeit ist, etwas zu tun.

# Warum müssen wir handeln?

Die Tierproduktion produziert mehr Treibhausgase als sämtliche Transportmittel zusammengenommen – also Autos, Flugzeuge, Züge und Lastwagen. Wir denken immer noch, der Verkehrssektor wäre der größte Schurke in diesem Stück, doch tatsächlich belegen die Zahlen, dass die Tierproduktion mehr Treibhausgase verursacht als der Verkehr.

# Das hat auch etwas mit der Abholzung der Wälder zu tun.

Es heißt, dass in jeder einzelnen Minute auf der Welt eine Fläche von sechs Fußballfeldern Wald der Axt zum Opfer fällt – um Weideland zu schaffen oder Flächen für den Anbau von Tierfutter. Für die Herstellung eines einzigen Hamburgers wird so viel Wasser verbraucht, dass Sie vier Stunden damit duschen könnten.

1 

Um einen Hamburger zu produzieren, braucht man so viel Wasser wie für eine vierstündige Dusche.

4 Std.

Das sind hoch-
interessante
Fakten, und ich
wäre über-
glücklich, wenn
sie nicht den
Tatsachen
entsprächen.

Denn dann könnten wir einfach so weitermachen wie bisher, glücklich und zufrieden. Dann müssten wir uns mit dem Thema erst gar nicht beschäftigen. Aber ich habe das ungute Gefühl, dass das nicht der Fall ist. Aus diesem Grund spreche ich heute zu Ihnen.

Auf die Tierproduktion entfallen 8 Prozent des globalen Wasserverbrauchs. Die Aufzucht von Tieren ist einer der Hauptfaktoren der weltweiten Wasserverschmutzung. Denken wir doch nur an die Hinterlassenschaften der Tiere, die Antibiotika, Hormone und Chemikalien, die sie zu fressen bekommen. An die Chemikalien in den Gerbereien sowie Kunstdünger und Pestizide für den Futtermittelanbau. Allein die Futtermittelproduktion hinterlässt schon einen gewaltigen $CO_2$-Fußabdruck durch Landverbrauch und Transport.

# Offensichtlich dient ein Drittel des weltweit angebauten Getreides als Tierfutter.

90 Prozent der angebauten Sojabohnen werden an Tiere verfüttert. Es braucht 40 Kalorien aus fossilen Brennstoffen, um 1 Kalorie aus Tiermastfleisch zu gewinnen. Es braucht 2,2 Kalorien, um 1 Kalorie aus pflanzlichen Proteinen zu gewinnen.

# 90 %

aller angebauten Sojabohnen dienen als Tierfutter.

# Und erst die Emissionen der Tiere …

Bekanntlich haben Kühe einen besonderen Magen: Sie sind Wiederkäuer. Bei der Verdauung bilden sich Gase, die Kuh stößt auf und setzt Methan frei. Wahrscheinlich wissen Sie das alles bereits, doch ich denke, es schadet nicht, sich die Fakten nochmal vor Augen zu führen. Jedes Molekül Methan nämlich steigert die Erderwärmung 21-mal stärker als ein Molekül Kohlendioxid. Und es verbleibt zwischen 9 und 15 Jahre in der Erdatmosphäre. Ziemlich viel Methan also. Und diese Daten stammen von Science World (2002).

Methan
bleibt für
9 bis 15 Jahre

in der Erd-
atmosphäre.

Distickstoff-
monoxid
(Lachgas)
verbleibt

114 Jahre

in der Erd-
atmosphäre.

# Die Tier-industrie erzeugt auch jede Menge Lachgas.

Lachgas heizt das Klima 310-mal stärker an und bleibt für 114 Jahre in der Atmosphäre. Die Gase, die wir heute in die Umwelt abgeben, werden dem Klima also noch in Jahrzehnten schaden.

29

# Was können wir tun?

30

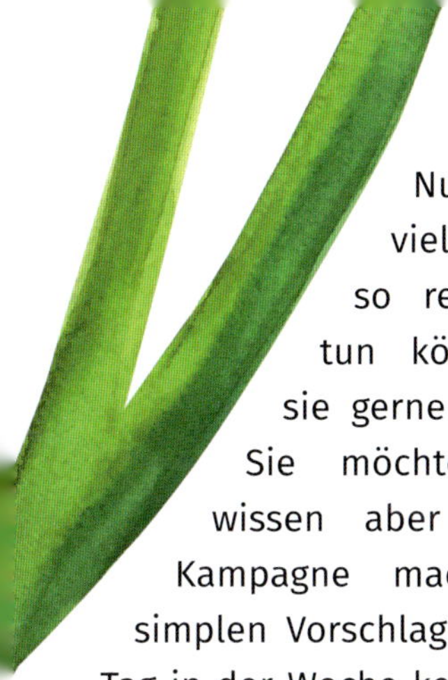

Nun, ich glaube, dass viele Menschen nicht so recht wissen, was sie tun können. Dabei würden sie gerne ihren Beitrag leisten. Sie möchten etwas bewirken, wissen aber nicht, wie. Unsere Kampagne macht da einen ganz simplen Vorschlag: „Essen Sie an einem Tag in der Woche kein Fleisch.“ Den zu befolgen ist gar nicht so schwer, wie man schnell feststellt, wenn man bereit ist, es einmal zu versuchen. Wir haben uns für den „Fleischfreien Montag“ entschieden, aber natürlich ist jeder andere Tag genauso gut. Was ich an der Idee toll finde, ist die Tatsache, dass sie leicht umsetzbar ist. Wenn Sie heute zu den Leuten sagen: „Iss vegetarisch!“, dann fällt das den meisten Menschen schwer. Dafür muss man schon eine gewisse Neigung besitzen. Und es muss Ihnen ein Anliegen sein.

# Aber ich glaube,

wenn man den Leuten lediglich einen fleischfreien Tag vorschlägt, dann klappt das eher. Die meisten Leute lassen es am Wochenende ein wenig krachen und gehen dann montags zum Sport. Das ist also ein guter Tag, um auch mal das Fleisch wegzulassen. Früher haben wir ja auch nicht recycelt. Das Thema fanden wir einfach nicht spannend genug. Heute aber gehört Recycling zum Alltag. Genauso interessierte sich zuerst kein Mensch für Elektroautos. Und heute überlegen sich doch viele Leute, ob sie eines kaufen. Wir müssen den Menschen einfach nur die Gelegenheit geben. Mit einem einzigen fleischfreien Tag reduzieren Sie Ihre persönlichen Emissionen genauso, wie wenn Sie 1.500 Kilometer weniger Auto fahren würden.

**1** Tag ohne Fleisch senkt Ihre persönlichen Emissionen so, als würden Sie auf

**1.500** Kilometer

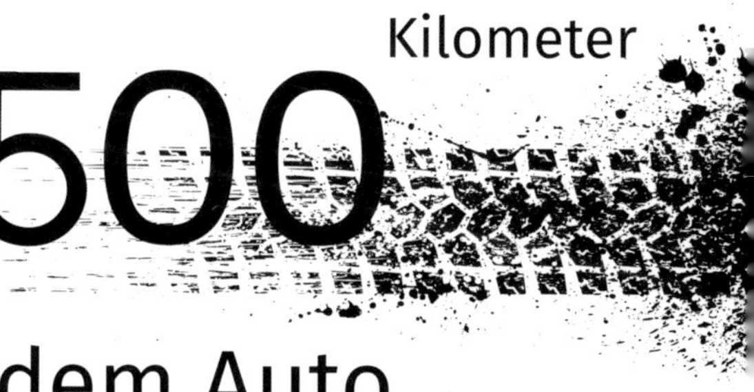

mit dem Auto verzichten.

# Das Schöne daran ist, dass genau das jetzt passiert.

So hat die Stadt Gent einen „Veggie Day" eingeführt. In Baltimore hat die Schulbehörde einen fleischfreien Tag für gut 80 000 Schüler eingeführt. In Schweden hat man angefangen, die Umweltschäden jedes einzelnen Lebensmittelprodukts auf der Packung aufzuführen. So lässt man den Menschen die freie Wahl. Man gibt die Umweltschäden in Äquivalenten an. Dann kann der Kunde wenigstens sagen: „Naja, vielleicht will ich das gar nicht haben." Nur so ermöglicht man es den Menschen, umweltsensibel und verantwortungsvoll einzukaufen.

In Baltimores Schulen werden

# 80 000

Kinder einmal die Woche fleischfrei versorgt.

# In São Paolo in Brasilien

wurde ebenfalls ein fleischfreier Tag eingeführt, obwohl Brasilien eigentlich zu den großen Fleischexporteuren gehört. Auch einige Schulen in Großbritannien haben sich der Kampagne angeschlossen. Eine Schulleiterin, mit der ich mich unterhalten habe, äußerte Befürchtungen, die Eltern könnten möglicherweise denken, sie politisiere die Schüler. Doch am Ende kam keinerlei Beschwerde in dieser Richtung. Tatsächlich stehen die Eltern voll hinter ihr, weil sie auch aktiv sein wollen. Und die Kinder sind von dem Essen begeistert. Schließlich ist es ihre Zukunft. Wir glauben ja häufig,

Kinder würden nichts verstehen, weil sie noch so klein sind. Aber das stimmt nicht. Wir wissen, dass das nicht so ist. Sie begreifen sehr gut, dass dies ihr Planet ist. Sie werden ihn eines Tages erben. Und wenn wir ihn zumüllen, müssen sie ihn sauber machen. Die Kinder, die bei dieser Kampagne mitmachen, haben das verstanden und finden die Idee gut. Es ist ihr Planet. Und als Eltern wollen wir doch das Beste für unsere Kinder – in jeder Hinsicht. Daher müssen wir die Verantwortung für die Zukunft übernehmen. Wir müssen für die Zukunft unserer Kinder eintreten. Das sind wir ihnen schuldig. Außerdem gibt es da ja noch den gesundheitlichen Aspekt. Der World Cancer Research Fund hat dazu aufgerufen, den Verzehr von rotem Fleisch zu reduzieren. Das fördert die Gesundheit von Eltern und Kinder zugleich.

Was aber kann das Europäische Parlament dazu beitragen und die Regierungen in aller Welt?

Ich würde vorschlagen, dass man die Menschen dazu anhält, ihren Fleischverzehr zu verringern. Denn der hat mittlerweile ein Ausmaß erreicht, das zu ethischen Problemen führt. Und es ist unmoralisch, vor diesen Fragen die Augen zu verschließen. Es geht längst nicht mehr nur um uns selbst. Unsere Entscheidung in puncto Fleisch betrifft den ganzen Planeten. Daher müssen wir uns auch global damit auseinandersetzen. Wenn es früher zu einer Krise kam, haben sich Regierung und Bevölkerung dieser gemeinsam angenommen. Es ist also durchaus möglich, entsprechend aktiv zu werden.

# Denken wir doch nur an

die große Smog-Katastrophe in London in jenen Jahren, als ich groß wurde. Damals brachten die Zeitungen jeden Winter ein Bild vom Smog. Man nannte das damals „Erbensuppe“ und jeder scherzte: „Also heute sieht man ja die Hand vor Augen nicht.“ Doch als die Sterberaten stiegen und jedem klar wurde, dass das am Smog lag, unternahm man etwas dagegen. Heute ist London viel sauberer als damals. Es musste etwas getan werden – also wurde es getan. Zum Beispiel auch das Rauchen in der Öffentlichkeit. Ich wuchs in rauchgeschwängerten Räumen auf.

Jede Familienfeier fand unter einer Glocke aus blauem Dunst statt, jeder rauchte. Ich dachte mir nichts dabei. Beide Eltern rauchten, meine Mutter starb an Krebs. Ich hielt Rauchen irgendwie für normal, rauchte selbst lange Zeit. Doch sobald die Medizin das Rauchen mit allen möglichen Erkrankungen in Verbindung brachte, sobald man die Gefahren des Passivrauchens erkannte, musste die Regierung etwas tun. Heute ist es für uns selbstverständlich, dass man in Innenräumen nicht mehr raucht. Man muss nach draußen gehen. Auch das haben wir akzeptiert. Es war ein Riesenschritt und die Raucher waren davon nicht begeistert, aber es war ein notwendiger Schritt – für die Zukunft unseres Planeten. Daher denke ich, dass die Regierungen und das Parlament die Menschen auch in diesem Fall unterstützen und ihnen klar machen können, dass es nicht schwer ist, einen Tag lang auf Fleisch zu verzichten.

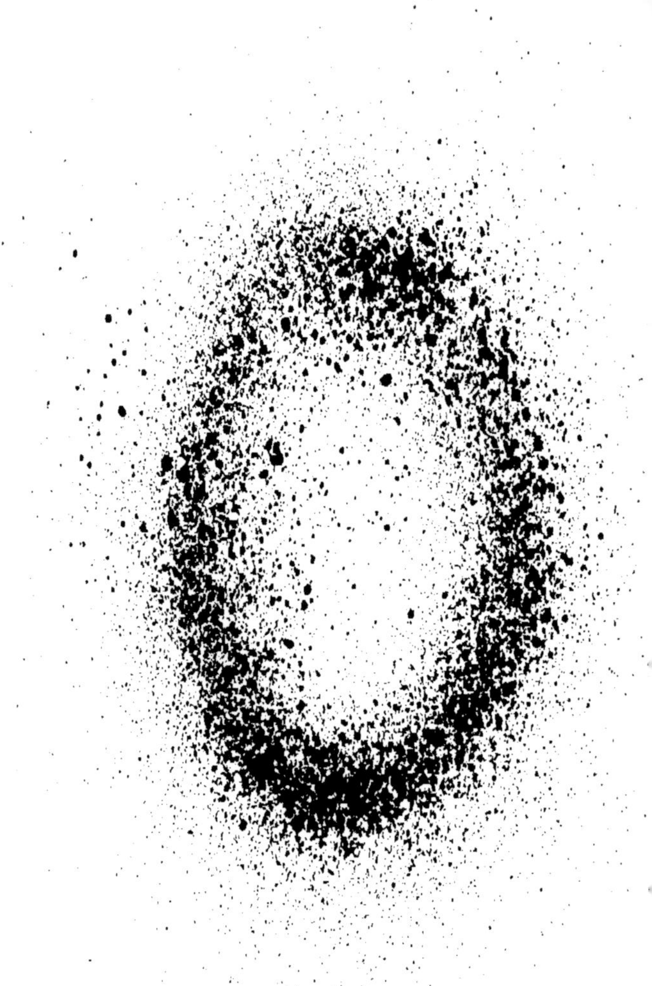

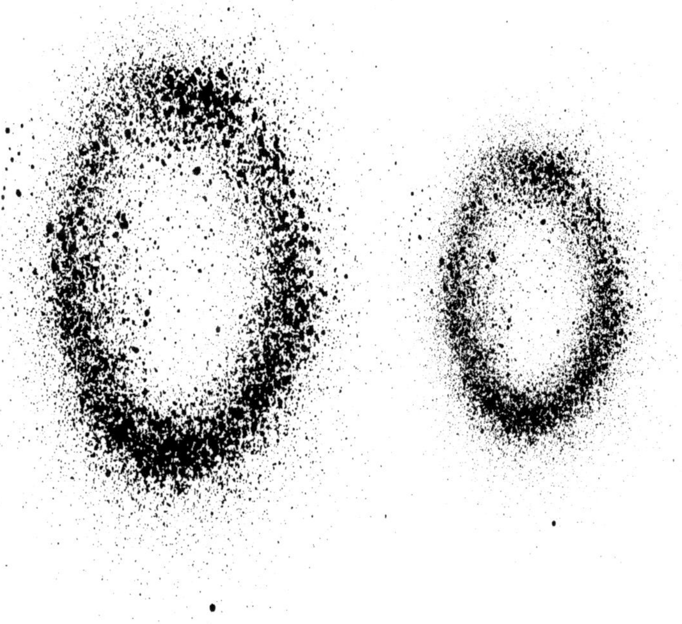

# Und natürlich muss man sich um die Bauern kümmern.

Denn dieses Argument fällt immer wieder: Wenn weniger Fleisch produziert wird, dann würde das vor allem die Landwirte treffen. Doch auch hier bin ich der Meinung, Regierung und Parlament müssten den Landwirten ermöglichen, ihr Land auf andere Weise sinnvoll zu nutzen. Schließlich passieren solche Umbrüche nicht zum ersten Mal in der Geschichte. Wir mussten schon öfter gewohnte Verhaltensweisen ändern. Und nun besteht die klare Notwendigkeit, wieder einen solchen Wandel anzupacken.

Wir müssen den Landwirten erklären,

# was sie anbauen können

und wie sie weiter genug produzieren können, nur eben auf andere Weise, denn wir müssen uns anpassen. Ich selbst lebe auf einem biologisch bewirtschafteten Bauernhof. Als wir uns vor Jahren für diese Wirtschaftsweise entschieden, sagten die Bauern aus der Umgebung: „Sie sind einfach dumm, wissen Sie. Das taugt nichts. Das klappt nie und nimmer.“ Mittlerweile sind sie verstummt. Jetzt geben sie mir recht, weil man für biologische Produkte einen guten Preis bekommt. Und nun stellen viele um. In meinen Augen ist dies das ganze Geheimnis.

Was ich heute hier sagen möchte, ist: Ein fleischfreier Montag oder ein anderer fleischloser Tag

ist der erste Schritt, der den Menschen ermöglicht, sich behutsam mit dieser Idee anzufreunden. Die im Übrigen nicht neu ist. Ähnliches gab es auch früher schon. Als Präsident Truman 1947 seine erste Fernsehrede an die amerikanische Nation hielt, sprach er über die Krise in Europa. Darüber, dass die Amerikaner den Leuten nach dem Krieg helfen müssten. Dass man Lebensmittel bereitstellen müsse. Und so schlug er der Nation vor, am Dienstag kein Fleisch zu essen. Ja, er ging noch weiter. Am Donnerstag sollten die Amerikaner auf Geflügel und Eier verzichten. Und das taten sie dann auch. Wir vergessen leider manchmal nur, was in der Vergangenheit schon bewältigt wurde.

Wir müssen uns auch um

# die Armut in der Welt kümmern.

1,4 Milliarden Menschen leben heute in extremer Armut. Das ist ein drängendes soziales Problem. Einer der besten Wege zu seiner Beseitigung ist meiner Ansicht nach die Verringerung des Fleischkonsums.

1,4

Milliarden
Menschen
in extremer
Armut.

# Ich habe darüber mit Al Gore gesprochen,

der für seine Ansichten zur Klimaerwärmung bekannt ist. Ich fragte ihn, ob er mir eine Botschaft mitgeben würde, die ich heute hier verlesen könnte. Und er war so nett, das auch zu tun: „Einer der Hauptgründe für die globale Erwärmung ist der steigende Fleischverzehr in aller Welt. Vor allem, wenn das Fleisch in ökologisch unsinnigen Tierfabriken erzeugt wird, in denen kein Tier mehr auf die Weide darf. So durchbricht man die natürliche Synergie zwischen Pflanze und Tier und verbraucht für jedes Pfund Protein 22 000 Liter Wasser. Dabei wird stark übersäuerter Dung produziert, der nicht als Dünger eingesetzt werden kann, sondern als giftiger Abfall entsorgt werden muss. Somit ist auch die Qualität von Wasser und Luft in der Umgebung bedroht. Obwohl ich kein Vegetarier bin", sagte Al, „glaube ich durchaus, dass die Medizin richtig liegt, wenn sie den Verzehr von rotem Fleisch mit einer ganzen Reihe von Erkrankungen, vor allem des Herz-Kreislauf-Systems, in Verbindung bringt. Aus all diesen Gründen stellen Initiativen wie der ‚Fleischfreie Montag', die versuchen, den weltweiten Ernährungstrend umzukehren, einen verantwortungsvollen und willkommenen Part einer umfassenden Strategie zur Reduktion der globalen Erwärmung und zur Steigerung der menschlichen Gesundheit dar."

Kurz gesagt bitte ich also jeden Einzelnen von Ihnen, sich dafür einzusetzen: Für uns selbst – und für unsere Kinder und Kindeskinder, die diesen Planeten von uns erben werden.

Essen Sie einen Tag lang kein Fleisch.

# Danke!

# Drei Rezepte von Paul

Rezept

# Getoasteter Bagel mit Hummus

Mein Lieblingsfrühstück – schnell und einfach, aber auch sehr nahrhaft.

## Zutaten

**FÜR DEN BAGEL**

1 Bagel nach Wahl
½ Teelöffel Hefewürzpaste (Marmite oder Vitam-R)
1 Esslöffel Hummus (selbst gemacht oder Lieblingssorte)

**FÜR DEN HUMMUS**

400g Kichererbsen aus der Dose, abgegossen
4 Esslöffel Tahin (Sesammus)
Saft von 2 Zitronen zum Abschmecken
4 Knoblauchzehen, zerdrückt
Salz
2 Esslöffel Olivenöl
1 Teelöffel Kreuzkümmel, gemahlen
1 Teelöffel Paprika, gemahlen
1 Esslöffel frische glatte Petersilie, feingehackt

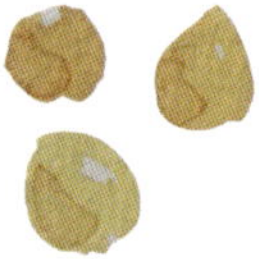

## Zubereitung

**1** Geben Sie die Kichererbsen in einen Mixer und verarbeiten Sie diese zu einer dicken Paste.

**2** Schmecken Sie nach Belieben mit Tahin, Zitronensaft, Knoblauch und Salz ab und verrühren Sie das Ganze zu einer lockeren Creme. (Möglicherweise müssen Sie ein bisschen Wasser zugeben.)

**3** Geben Sie die Creme in eine Schüssel und lassen Sie einen feinen Faden Olivenöl darüberlaufen. Bestreuen Sie den Hummus mit Kreuzkümmel, Paprika und Petersilie.

**4** Schneiden Sie den Bagel in der Mitte durch und toasten Sie ihn leicht.

**5** Bestreichen Sie eine Hälfte mit ½ Teelöffel Hefewürzpaste, die andere mit 1 Esslöffel Hummus. Aufeinanderdrücken – fertig ist das köstliche Frühstück!

Rezept

# Super-Gemüsesalat

Das ist ein köstlicher Salat, den Sie buchstäblich zu allem servieren können. Hier dient er als Beilage zu gebratenem Tofu, aber Sie können ihn auch zum Veggie-Burger oder zu vegetarischen Würstchen reichen. Auch Hummus- oder Kartoffelchips oder Kartoffelpüree geben eine tolle Begleitung ab. Verwenden Sie Gemüse der Saison dafür.

## Zutaten

**FÜR DEN SALAT**

28 Kirschtomaten
3 Röschen Brokkoli
12 grüne Bohnen, in 2 cm lange Stücke geschnitten
1 Karotte, geschält und in 2 cm lange Stücke geschnitten
1 Kopfsalat (oder Romana)
3 Frühlingszwiebeln, feingehackt
100 g Polenta
eine Handvoll feingehackter Kräuter nach Wahl
250 g Tofu, in Scheiben geschnitten
Olivenöl zum Braten

**FÜR DAS DRESSING**

2 Esslöffel Olivenöl
1 Esslöffel Rotweinessig
1 Esslöffel Dijonsenf (nach Belieben)
1 Teelöffel Ahornsirup (wenn Sie es süß-sauer mögen)

# Zubereitung

**1** Heizen Sie den Backofen auf 200 Grad Celsius (Gas: Stufe 6) vor. Backen sie die Kirschtomaten 10 Minuten lang.

**2** Kaltes Wasser in einen Topf geben und einen Dämpfeinsatz hineinstellen. Brokkoli, Bohnen und Karotten hineingeben und auf hoher Flamme etwa 15 Minuten dämpfen. Stechen Sie die Karotten an, um zu sehen, ob sie gar sind. Manche Menschen mögen sie noch knackig, andere lieber ein wenig weicher.

**3** Während das Gemüse im Dämpfer gart, putzen Sie den Salat und die Frühlingszwiebeln.

**4** Polenta und Kräuter in einer Schüssel vermengen. Olivenöl in der Pfanne erhitzen. Den Tofu in der Polentamischung wenden und im Öl goldbraun braten.

**5** Die Zutaten fürs Dressing mit dem Schneebesen verrühren. Das Dressing wird erst in letzter Minute über den Salat gegeben.

**6** Salat auf einer Platte anrichten. Dann das warme Gemüse und den Tofu darauf legen. Das Dressing darübergießen. Wahlweise mit ein wenig biologischer Sojasauce beträufeln.

Rezept

# Tacos mit Bohnenmus

Ohne gebratene Bohnen ist ein guter Taco nicht denkbar. Und man muss sie keineswegs zweimal braten, wie die spanische Bezeichnung „frijoles refritos“ dies nahelegt. „Refritos“ heißt nämlich eigentlich nur „scharf angebraten“.
Es macht fast genauso viel Spaß, Tacos zusammenzustellen wie sie zu essen. Man füllt die Tortilla einfach ganz nach Geschmack.

## Zutaten

**FÜR DIE TACOS**

1 mittlere Zwiebel, gehackt
1 Esslöffel Olivenöl
230 g gebratene braune Bohnen aus der Dose (Frijoles refritos)
2 mittelgroße Tomaten, klein geschnitten
1–2 Teelöffel Chilisauce (wahlweise)
4 Tortillas
40 g veganer Cheddarkäse, gerieben
1 Salatherz, klein geschnitten
Salz

**ZUM SERVIEREN**

Avocado, geschält, entkernt und in Scheiben geschnitten
Veganer Sauerrahm
ein Spritzer Limetten- oder Zitronensaft

## Zubereitung

**1** In einer großen Pfanne die gehackte Zwiebel in ein wenig Olivenöl 4–5 Minuten glasig dünsten, bis sie weich, aber nicht braun ist.

**2** Die Bohnen zugeben.

**3** Die Tomatenstücke unterrühren und braten, bis sie schön warm sind. Mit Salz abschmecken. Wenn Sie Ihre Tacos scharf mögen (Nicht für mich!), fügen Sie 1–2 Teelöffel Chilisauce hinzu.

**4** Erwärmen Sie die Tortillas nach Packungsanweisung und füllen Sie sie zur Hälfte mit der Bohnenmasse.

**5** Geben Sie die Salatstreifen drüber, bestreuen Sie sie mit geriebenem Käse. Garnieren Sie mit ein paar Avocadoscheiben und dem Sauerrahm.

„Global Warming and Food Policy: Less Meat = Less Heat“,
Rede von Paul McCartney bei einer öffentlichen Anhörung im Europäischen Parlament am 3. Dezember 2009.


Aus dem Englischen übersetzt von Elisabeth Liebl


www.claudius.de


Umschlaggestaltung: www.werkstattmuenchen.com
Umschlagfoto: © 2010 MPL Communications Ltd/
Fotograf: MJ Kim
Layout, Satz und Illustrationen: www.werkstattmuenchen.com
Gesetzt aus der Fira Sans
Druck: Kösel, Krugzell
ISBN: 978-3-532-62832-4

FSC
www.fsc.org
MIX
Papier aus verantwortungsvollen Quellen
FSC® C013736

Klimaneutral
Druckprodukt
ClimatePartner.com/12027-1812-1004